DIVISIONS
chansons et activités

de Marie-France Marcie
paroles de Peter Lebuis

ISBN : 978-1-55386-235-2

Remerciements

Auteure – Marie-France Marcie

Paroles – Peter Lebuis

Révision – Véronique Ponce

Illustrations – Plusieurs collaborateurs

Couverture – Darryl Taylor

Mise en page – Darryl Taylor, Derek Veenhof

Pour plus d'informations :

Jordan Music Productions Inc.
M.P.O. Box 490
Niagara Falls, NY
U.S.A. 14302-0490

Jordan Music Productions Inc.
R.P.O. Lakeport, Box 28105
St. Catharines, ON
Canada, L2N 7P8

Teléphone : 1-800-567-7733
www.SongsThatTeach.com
sjordan@sara-jordan.com

Nous reconnaissons l'aide financière du gouvernement du Canada par l'entremise du Fonds du livre du Canada pour nos activités d'édition.

Table des matières

Chapitre 1 - Introduction

Chapitre 2 - Divisions par 2

Chapitre 3 - Divisions par 3

Chapitre 4 - Divisions par 4

Chapitre 5 - Divisions par 5

Chapitre 6 - Divisions par 6

Chapitre 7 - Divisions par 7

Chapitre 8 - Divisions par 8

Chapitre 9 - Divisions par 9

Révision

Réponses

Suggestions pour l'enseignant

Les élèves de nos jours demandent et méritent des méthodes d'enseignement variées et intéressantes. Nous sommes fiers de présenter la série les mathématiques en français qui associe l'apprentissage auditif et les activités et exercises écrits.

Chaque leçon de ce livre est basée sur une chanson à l'appui du programme et qui se trouve sur le CD inclus. Les leçons comprennent des résolutions de problèmes, les paroles pour la participation en classe et les chansons, ainsi que les exercices reproductibles qui incorporent beaucoup d'éléments du nouveau programme de mathématiques.

Le livre met l'accent sur l'enseignement de la division, mais les activités couvrent une variété de thèmes comme les résolutions de problèmes basés sur l'heure, les volumes, le périmètre, la surface et la reconnaissance de formes et de fractions de formes.

Les chansons basées sur le programme améliorent l'apprentissage. Vous pouvez utiliser ces chansons chaque jour dans votre classe. Les paroles d'une chanson peuvent vous servir à enseigner des concepts spécifiques dans une partie d'unité thématique. Vous pouvez incorporer les chansons à beaucoup d'autres moments de la journée. Qu'elles soient utilisées au début de la journée, pendant des périodes de transition ou même pendant l'art et l'éducation physique, les paroles s'attachent à la mémoire à long terme des élèves.

Pour d'autres ressources visant à améliorer l'apprentissage en classe avec les sept intelligences multiples, visitez notre site www.SongsThatTeach.com, vous y trouverez des classes partout dans le monde, des concours, des leçons de dessin et beaucoup plus. Dans notre nouveau site www.EduActiveLearning.com vous trouverez des jeux interactifs basés sur le matériel enseigné dans le livre.

Amusez-vous bien!

Sara Jordan
Présidente

Divisions de tous les jours
Divisions par 0 et par 1

Activités reproductibles
1. Introduction à la division
2. Écrire les divisions

Chanson
Introduction

Divisions de tous les jours - Divisions par 0 et par 1

C'est facile de diviser par 1 parce qu'un nombre divisé par 1 reste le même.

$$3 \div 1 = 3 \qquad \text{parce que} \qquad 3 \times 1 = 3$$

Diviser est plus difficile à comprendre. 0 divisé par n'importe quel nombre est toujours 0 mais n'importe quel nombre divisé par 0 n'est pas 0.

$$0 \div 4 = 0 \qquad \text{parce que} \qquad 0 \times 4 = 0$$

$$4 \div 0 \neq 0 \qquad \text{parce que} \qquad 0 \times 0 \neq 4$$

CHAPITRE 1

Introduction

interlude musical 🎵

Il est temps de diviser.
La tâche est de trouver
combien de fois on peut fractionner
un nombre en unités.

Les multiples vont vous aider
à reconnaitre et diviser
en groupes de même quantité
Allez-y! Essayez!

interlude musical 🎵

Le nombre par lequel on divise
s'appelle le DIVISEUR,
et le nombre que nous divisons
s'appelle le DIVIDENDE.

Dans une question de division
la réponse est le QUOTIENT.
Si vous maîtrisez les faits
la division, c'est excellent!

interlude musical 🎵

Il y a deux règles à apprendre.
Il faut les comprendre.
Quand on divise 0
le quotient est 0.

Et lorsque l'on divise par 1
le quotient sera commun,
car on trouvera que
le dividende ne change pas.

Activité 1 - Introduction à la division

Quand on divise, le nombre qui est divisé est le **dividende**.

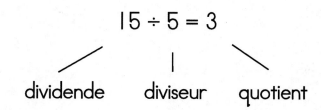

$$15 \div 5 = 3$$

dividende   diviseur   quotient

Le **diviseur** est le nombre par lequel on divise un autre nombre.

Le **quotient** est la réponse.

Chaque fois que vous divisez par un, la réponse est la même.

ex : Michel a quatre fleurs et il veut donner une fleur à chacun de ses quatre sœurs.

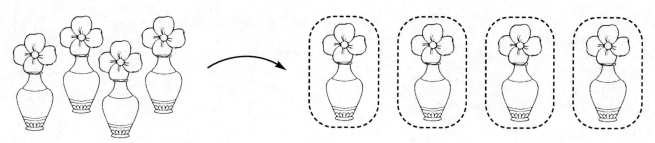

4 fleurs divisées en groupes de 1 égalent 4 groupes.

$$4 \div 1 = 4$$

$6 \div 1 =$ ____ $8 \div 1 =$ ____ $5 \div 1 =$ ____

$10 \div 1 =$ ____ $9 \div 1 =$ ____ $7 \div 1 =$ ____

Quand vous divisez 0 par n'importe quel nombre la réponse est toujours 0 mais vous ne pouvez pas diviser par 0.

$0 \div 4 =$ ____ $0 \div 7 =$ ____ $0 \div 9 =$ ____

$0 \div 10 =$ ____ $0 \div 5 =$ ____ $0 \div 2 =$ ____

Nom _____

Activité 2 - Écrire les divisions

Dessinez les images et écrivez les divisions.

Il y a 4 boules de crème glacée.
Il y a 1 boule dans chaque cornet.
Combien de cornets de crème glacée
y a-t-il?

$$\underline{4} \div \underline{1} = \underline{4}$$

Il y a 6 pots de fleurs.
Il y a 1 fleur dans chaque pot.
Combien de fleurs y a-t-il?

$$\underline{} \div \underline{} = \underline{}$$

Il y a 5 bols.
Il y a 1 poisson dans chaque bol.
Combien de poissons y a-t-il?

$$\underline{} \div \underline{} = \underline{}$$

Il y a 2 cages.
Il y a 1 hamster dans chaque cage.
Combien de hamsters y a-t-il?

$$\underline{} \div \underline{} = \underline{}$$

Il y a 8 arbres.
Il y a 1 oiseau dans chaque arbre.
Combien d'oiseaux y a-t-il?

$$\underline{} \div \underline{} = \underline{}$$

CHAPITRE 2 - DIVISIONS PAR 2

2

Divisions de tous les jours	**Activités reproductibles**
Béquilles pour les pauvres	1. Multiples
	2. Divisions en paires
Chanson	3. Moitiés
Divisions par 2	4. Divisions ou multiplications

Divisions de tous les jours - Béquilles pour les pauvres

Les élèves de l'atelier ont l'école a décidé de faire des béquilles pour donner aux pauvres. On donne les béquilles en paires.

1. Combien de paires est-ce que l'atelier donne si les élèves ont fait 6 béquilles?

   ____ ÷ ____ = ____

   ----

2. Combien de paires est-ce que l'atelier donne si les élèves ont fait 16 béquilles?

   ____ ÷ ____ = ____

   ----

3. Combien de paires est-ce que l'atelier donne si les élèves ont fait 20 béquilles?

   ____ ÷ ____ = ____

   ----

4. Combien de paires est-ce que l'atelier donne si les élèves ont fait 24 béquilles?

   ____ ÷ ____ = ____

② CHAPITRE 2

Divisions par 2

refrain 2x : 🎵

2, 4, 6,
8, 10, 12,
14, 16, 18, 20,
22, 24.
La division; c'est dur à battre.

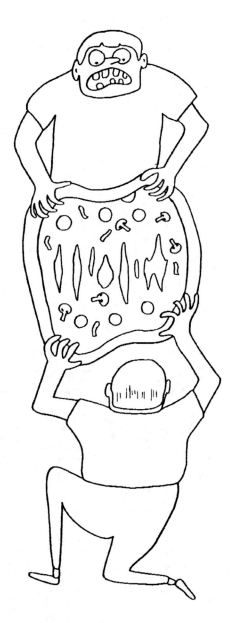

2 ÷ 2	2 ÷ 2 = 1
4 ÷ 2	4 ÷ 2 = 2
6 ÷ 2	6 ÷ 2 = 3
8 ÷ 2	8 ÷ 2 = 4

refrain : 🎵

10 ÷ 2	10 ÷ 2 = 5
12 ÷ 2	12 ÷ 2 = 6
14 ÷ 2	14 ÷ 2 = 7
16 ÷ 2	16 ÷ 2 = 8

refrain : 🎵

18 ÷ 2	18 ÷ 2 = 9
20 ÷ 2	20 ÷ 2 = 10
22 ÷ 2	22 ÷ 2 = 11
24 ÷ 2	24 ÷ 2 = 12

refrain : 🎵

Nom _____

Activité 1 - Multiples

Trouvez les multiples de 2 et coloriez-les.

Début

2	4	9	13	5	19	18	20
3	6	8	10	12	14	16	22
7	21	3	17	11	15	19	24

Fin

Faites correspondre les phrases numériques.

$12 \div 2 =$ ___ •

$18 \div 2 =$ ___ •

$20 \div 2 =$ ___ •

$8 \div 2 =$ ___ •

$10 \div 2 =$ ___ •

$16 \div 2 =$ ___ •

$6 \div 2 =$ ___ •

• $2 \times 5 =$ ___

• $2 \times 8 =$ ___

• $2 \times 3 =$ ___

• $2 \times 6 =$ ___

• $2 \times 9 =$ ___

• $2 \times 10 =$ ___

• $2 \times 4 =$ ___

Nom _____

Activité 2 - Divisions en paires

Divisez les objets en groupes de 2 et écrivez les divisions.

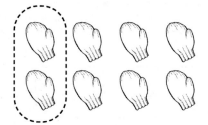

__8__ mitaines

__2__ dans chaque groupe

__8__ ÷ __2__ = __4__ groupes

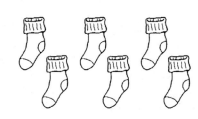

____ chaussettes

____ dans chaque groupe

____ ÷ ____ = ____ groupes

____ chaussures

____ dans chaque groupe

____ ÷ ____ = ____ groupes

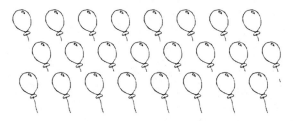

____ ballons

____ dans chaque groupe

____ ÷ ____ = ____ groupes

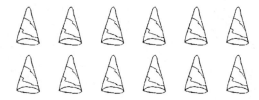

____ chapeaux

____ dans chaque groupe

____ ÷ ____ = ____ groupes

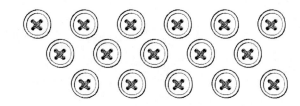

____ boutons

____ dans chaque groupe

____ ÷ ____ = ____ groupes

Nom _____

Activité 3 - Moitiés

Quand on divise par 2, on a une fraction de $\frac{1}{2}$.

Utilisez des divisions pour résoudre les problèmes suivants.

1.    On coupe une pizza en 6 tranches égales.

Combien de tranches est-ce que 2 élèves mangent?

Montrez votre réponse avec une division.

_____ ÷ _____ = _____

----

2.    Louis a acheté 18 bouteilles d'eau.

Il en donne la moitié $\frac{1}{2}$ à ses amis.

Combien de bouteilles lui reste-t-il?

_____ ÷ _____ = _____

----

3.    La maman de Claire a servi 12 hamburgers au souper.

Il en reste 6.

Quelle fraction de hamburgers reste-t-il?

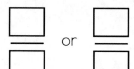

----

4.    Le père de Luc a acheté 12 petits gâteaux à la patisserie. Luc et son ami peuvent en manger la moitié.

Combien peuvent-ils en manger?

 _____ ÷ _____ = _____

Nom _____

Activité 4 - Divisions ou multiplications

On peut montrer la division d'une autre façon. Utilisez la multiplication pour vous aider à trouver la réponse.

$12 \div 2 = 6$ ressemble à
$$2 \overline{)\,12\,}^{\;6}$$

Pensez à la multiplication

$$\overset{x \to 6}{\underset{2\,)\,12}{\uparrow}}$$

Trouvez les réponses à l'aide de multiplications.

$$2 \overline{)\, 6 \,}$$ $$2 \overline{)\, 14 \,}$$ $$2 \overline{)\, 8 \,}$$

$$2 \overline{)\, 22 \,}$$ $$2 \overline{)\, 10 \,}$$ $$2 \overline{)\, 2 \,}$$

$$2 \overline{)\, 20 \,}$$ $$2 \overline{)\, 18 \,}$$ $$2 \overline{)\, 24 \,}$$

Marc a fait 16 gâteaux. Il met 2 gâteaux par assiette. Combien d'assiettes a-t-il?

Divisions de tous les jours
Trois prises et dehors

Chanson
Divisions par 3

Activités reproductibles
1. Où sont les multiples?
2. Divisions avec des fruits
3. Les restes
4. Le périmètre

Divisions de tous les jours - Trois prises et dehors

Un lanceur au baseball doit lancer 3 prises au frappeur pour le mettre hors jeu. Paul, le nouveau lanceur étoile de l'équipe de l'école, lance seulement des prises.

1. Combien de frappeurs est-ce que Paul met hors jeu après 6 prises?

_____ ÷ _____ = _____

----

2. Combien de frappeurs est-ce que Paul met hors jeu après 15 prises?

_____ ÷ _____ = _____

----

3. Combien de frappeurs est-ce que Paul met hors jeu après 21 prises?

_____ ÷ _____ = _____

----

4. Combien de frappeurs est-ce que Paul met hors jeu après 36 prises?

_____ ÷ _____ = _____

Divisions par 3

refrain 2x :

3, 6, 9, 12, 15, 18,
21, 24, 27, 30, 33, 36.

3 ÷ 3	3 ÷ 3 = 1
6 ÷ 3	6 ÷ 3 = 2
9 ÷ 3	9 ÷ 3 = 3
12 ÷ 3	12 ÷ 3 = 4

refrain :

15 ÷ 3	15 ÷ 3 = 5
18 ÷ 3	18 ÷ 3 = 6
21 ÷ 3	21 ÷ 3 = 7
24 ÷ 3	24 ÷ 3 = 8

refrain :

27 ÷ 3	27 ÷ 3 = 9
30 ÷ 3	30 ÷ 3 = 10
33 ÷ 3	33 ÷ 3 = 11
36 ÷ 3	36 ÷ 3 = 12

refrain :

Activité 1 - Où sont les multiples?

Coloriez tous les multiples de 3.

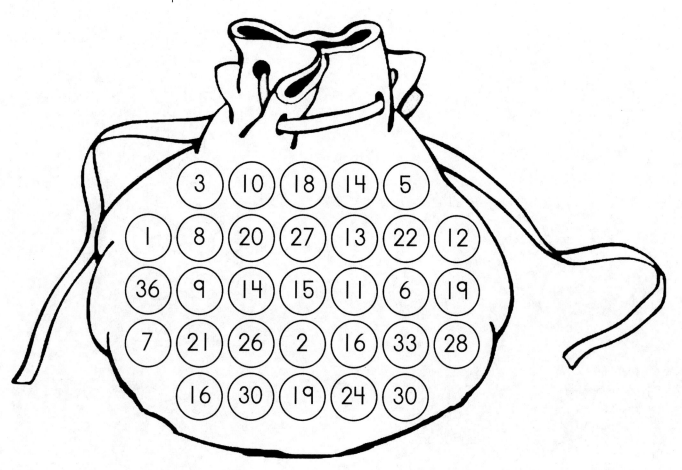

Trouvez les quotients.

3) 18   3) 27   3) 6

3) 12   3) 21   3) 15

3) 9   3) 24   3) 36

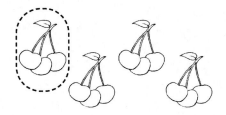

CHAPITRE 3

Nom _____

Activité 2 - Divisions avec les fruits

Encerclez les fruits en groupes de trois puis écrivez les divisions.

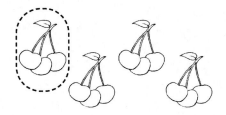

$\underline{12} \div 3 = \underline{4}$

$\underline{} \div 3 = \underline{}$

$\underline{} \div 3 = \underline{}$

$\underline{} \div 3 = \underline{}$

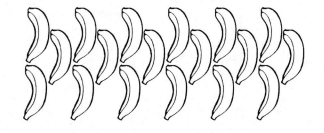

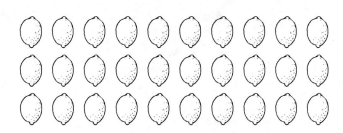

$\underline{} \div 3 = \underline{}$

$\underline{} \div 3 = \underline{}$

$\underline{} \div 3 = \underline{}$

$\underline{} \div 3 = \underline{}$

 Divisions chansons et activités

Activité 3 - Les restes

Les divisions suivantes ont un reste.

Angèle veut partager 9 bonbons en 2 parties égales.
Voici la division.

$$
\begin{array}{r}
4\ R1 \\
2\,\overline{)\ 9} \\
8 \\
\hline
1
\end{array}
$$

le reste est 1.

Utilisez des dessins et des divisions pour résoudre les problèmes suivants.

1. Marc a 26 photos. Il en met 3 par page dans son album. Combien de pages remplit-il? Combien de photos reste-t-il?

2. On peut mettre 8 marqueurs dans une boîte. Katie a 29 marqueurs à mettre en boîte. Combien a-t-elle de boîtes? Combien de marqueurs reste-t-il?

3. On a servi 3 pizzas de 8 tranches aux 7 joueurs du club de tennis. Combien de tranches est-ce que chaque joueur a?

Nom _____

Activité 4 - Le périmètre

Montrez votre travail.

> **Le périmètre** est la mesure de la distance autour d'un objet.

1. Trouvez le périmètre du jardin de Jacques.

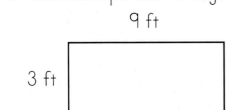

9 ft

3 ft

Le périmètre du jardin de Joseph est la moitié de celui du jardin de Jacques.
Quel est le périmètre du jardin de Joseph?

2. Robert court autour de l'école. Quelle distance parcourt-il?

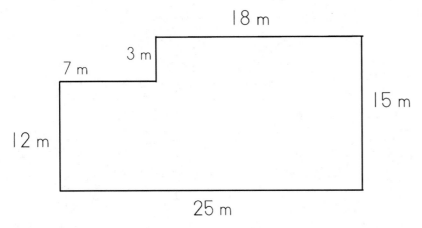

18 m

3 m

7 m

15 m

12 m

25 m

Le périmètre de l'école de Matthieu est le tiers de celui de l'école de Robert.
Quelle distance est-ce que Matthieu parcourt?

Divisions de tous les jours

La course à pieds

Chanson

Divisions par 4

Activités reproductibles

1. Multiples de 4
2. Divisions et la fête
3. Divisions
4. Fractions

Divisions de tous les jours - La course à pieds

Aujourd'hui il y a une rencontre sportive de course de 100 m. On divise les coureurs en groupes de 4.

1. Combien y aura-t-il de groupes avec 12 coureurs?

   _____ ÷ _____ = _____

   ----

2. Combien y aura-t-il de groupes avec 16 coureurs?

   _____ ÷ _____ = _____

   ----

3. Combien y aura-t-il de groupes avec 32 coureurs?

   _____ ÷ _____ = _____

   ----

4. Combien y aura-t-il de groupes avec 40 coureurs?

   _____ ÷ _____ = _____

Divisions par 4

refrain 2x : 🎵

4, 8, 12,
16, 20, 24,
28, 32,
36, 40, 44, 48.

4 ÷ 4	4 ÷ 4 = 1
8 ÷ 4	8 ÷ 4 = 2
12 ÷ 4	12 ÷ 4 = 3
16 ÷ 4	16 ÷ 4 = 4

refrain 2x : 🎵

20 ÷ 4	20 ÷ 4 = 5
24 ÷ 4	24 ÷ 4 = 6
28 ÷ 4	28 ÷ 4 = 7
32 ÷ 4	32 ÷ 4 = 8

refrain 2x : 🎵

36 ÷ 4	36 ÷ 4 = 9
40 ÷ 4	40 ÷ 4 = 10
44 ÷ 4	44 ÷ 4 = 11
48 ÷ 4	48 ÷ 4 = 12

refrain 2x : 🎵

Activité 1 - Multiples

Trouvez les multiples de 4 et reliez-les par une ligne en allant du plus petit au plus grand.

24	28	4	40
20	18	32	36
30	16	8	44
34	22	12	48

Trouvez les quotients.

$36 \div 4 = $ ___

$4 \overline{)28}$

$4 \overline{)32}$

$16 \div 4 = $ ___

$4 \overline{)8}$

$4 \overline{)44}$

Nom _____

Activité 2 - Divisions et la fête

Écrivez les divisions qui correspondent à chaque dessin.

1. $20 \div 4 = 5$ _____

2. _____

3. _____

4. _____

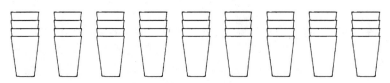

5. _____

Activité 3 - Divisions

Utilisez des dessins et des divisions pour résoudre les problèmes suivants.

1. Si ¼ des 20 clients à la pizzeria de Sam achètent le spécial du jour, combien y a-t-il de clients qui achètent le spécial du jour?

   _____ ÷ _____ = _____

2. Combien de minutes y a-t-il dans un quart d'heure?

   _____ ÷ _____ = _____

3. Le mois de février a 28 jours. Combien y a-t-il de semaines en février?

   _____ ÷ _____ = _____

4. Katie et ses trois sœurs ont 48 dollars qu'elles doivent partager également. Combien d'argent est-ce-que chaque sœur reçoit?

   _____ ÷ _____ = _____

Activité 4 - Fractions

Les fractions montrent des parties égales d'un ensemble.

Pour trouver $\frac{1}{4}$ de 8, le dénominateur nous dit de diviser 8 en 4 groupes égaux pour montrer les quarts. $8 \div 4 = 2$

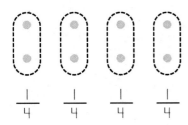

$$\frac{1}{4} \quad \frac{1}{4} \quad \frac{1}{4} \quad \frac{1}{4}$$

Utilisez des dessins et des divisions pour répondre aux questions suivantes.

1. $\frac{1}{4}$ of 12

2. $\frac{1}{4}$ of 16

3. $\frac{2}{4}$ of 8

4. $\frac{3}{4}$ of 16

5. $\frac{3}{4}$ of 8

6. $\frac{3}{4}$ of 12

Divisions de tous les jours

Attaque des 5

Chanson

Divisions par 5

Activités reproductibles

1. Multiples en ordre
2. Mystère des nombres
3. Divisions et le temps
4. Autour de l'horloge

Divisions de tous les jours - Attaque des 5

Il y a un nouveau groupe musical appelé Attaque des 5. Ils font des albums de 5 chansons.

1. Combien d'albums font-ils s'ils ont 15 chansons?

    _____ ÷ _____ = _____

    ----

2. Combien d'albums font-ils s'ils ont 35 chansons?

    _____ ÷ _____ = _____

    ----

3. Combien d'albums font-ils s'ils ont 40 chansons?

    _____ ÷ _____ = _____

    ----

4. Combien d'albums font-ils s'ils ont 55 chansons?

    _____ ÷ _____ = _____

Divisions par 5

refrain 2x :

5, 10, 15, 20,
25, 30, 35, 40,
45, 50, 55, et 60.
Oui la division est fascinante!

$5 \div 5$	$5 \div 5 = 1$
$10 \div 5$	$10 \div 5 = 2$
$15 \div 5$	$15 \div 5 = 3$

refrain :

$20 \div 5$	$20 \div 5 = 4$
$25 \div 5$	$25 \div 5 = 5$
$30 \div 5$	$30 \div 5 = 6$

refrain :

$35 \div 5$	$35 \div 5 = 7$
$40 \div 5$	$40 \div 5 = 8$
$45 \div 5$	$45 \div 5 = 9$

refrain :

$50 \div 5$	$50 \div 5 = 10$
$55 \div 5$	$55 \div 5 = 11$
$60 \div 5$	$60 \div 5 = 12$

refrain :

Nom _____

Activité 1 - Multiples en ordre

Écrivez les multiples de 5, de 60 à 0, en descendant les marches, puis répondez aux questions au bas de la page.

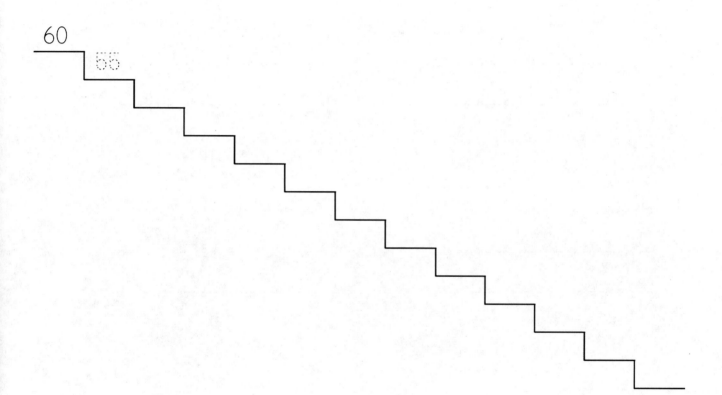

60
55

$5\overline{)20}$

$15 \div 5 = \underline{\quad}$

$5\overline{)25}$

$40 \div 5 = \underline{\quad}$

$5\overline{)50}$

$5\overline{)60}$

$10 \div 5 = \underline{\quad}$

$5\overline{)30}$

$5\overline{)5}$

$35 \div 5 = \underline{\quad}$

$5\overline{)45}$

Nom _____

Activité 2 - Mystère des nombres

Écrivez les deux divisions que vous pouvez faire avec trois nombres.

1.   5, 15, 3

$$15 \div 3 = 5$$
$$15 \div 5 = 3$$

2.   5, 9, 45

_____

_____

3.   30, 6, 5

_____

_____

4.   8, 5, 40

_____

_____

5.   5, 35, 7

_____

_____

6.   10, 5, 2

_____

_____

7.   4, 20, 5

_____

_____

Attention!

Quand $A \div B = C$, et que B et C sont différents de zéro, vous savez que $A \div C = B$.

$15 \div 3 = 5$ et $15 \div 5 = 3$

Activité 3 - Divisions et le temps

Utilisez des divisions pour montrer votre travail.

1. Sam a trois quarts d'heure pour finir 5 questions de mathématiques. Combien de minutes peut-il passer sur chaque question pour finir son travail à l'heure ?

2. Laura et Rachel ont une heure pour faire des courses au centre commercial. Elles veulent aller dans 5 magasins. Combien de minutes peuvent-elles passer dans chaque magasin.

3. Léo a une demi-heure pour laver 5 voitures. Combien de minutes a-t-il pour laver chaque voiture ?

4. Marc a mangé 5 gâteaux en un quart d'heure. Combien de minutes a-t-il pour manger chaque gâteau ?

Nom _____

Activité 4 - Autour de l'horloge

Une pendule a les nombres de 1 à 12 qui représent 12 heures. Une heure a 60 minutes alors chaque nombre représente 5 minutes.

5H10	11H35	3H20	9H40

10 ÷ 5 = 2   ___ ÷ 5 = ___   ___ ÷ 5 = ___   ___ ÷ 5 = ___

6H30	7H45	2H15	10H50

___ ÷ 5 = ___   ___ ÷ 5 = ___   ___ ÷ 5 = ___   ___ ÷ 5 = ___

4H25	12H55	8H05

___ ÷ 5 = ___   ___ ÷ 5 = ___   ___ ÷ 5 = ___

Divisions chansons et activités

Divisions de tous les jours
Muffins pour la vente de gâteaux

Chanson
Divisions par 6

Activités reproductibles
1. Qui va avec qui?
2. L'anniversaire de Jenny
3. Trouver les divisions
4. Quelle est la longueur de chaque côté?

Divisions de tous les jours - Muffins pour la vente de gâteaux

On a demandé à la patisserie de Marie de faire des muffins pour la vente de gâteaux.

On peut mettre 6 muffins dans chaque moule et cela représente une fournée.

1. Combien de fournées faut-il faire pour avoir 12 muffins?

   _____ ÷ _____ = _____

   ----

2. Combien de fournées faut-il faire pour avoir 24 muffins?

   _____ ÷ _____ = _____

   ----

3. Combien de fournées faut-il faire pour avoir 42 muffins?

   _____ ÷ _____ = _____

   ----

4. Combien de fournées faut-il faire pour avoir 66 muffins?

   _____ ÷ _____ = _____

Divisions par 6

refrain 2x :

6, 12, 18, 24, 30, 36,
42, 48, 54, 60, 66, 72.

$6 \div 6$	$6 \div 6 = 1$
$12 \div 6$	$12 \div 6 = 2$
$18 \div 6$	$18 \div 6 = 3$
$24 \div 6$	$24 \div 6 = 4$

refrain :

$30 \div 6$	$30 \div 6 = 5$
$36 \div 6$	$36 \div 6 = 6$
$42 \div 6$	$42 \div 6 = 7$
$48 \div 6$	$48 \div 6 = 8$

refrain :

$54 \div 6$	$54 \div 6 = 9$
$60 \div 6$	$60 \div 6 = 10$
$66 \div 6$	$66 \div 6 = 11$
$72 \div 6$	$72 \div 6 = 12$

refrain :

Activité 1 - Qui va avec qui?

Faites correspondre les divisions de gauche avec les multiplications de droite.

$30 \div 6 =$ _____ •

• $7 \times 6 =$ _____

$6 \div 6 =$ _____ •

• $3 \times 6 =$ _____

$12 \div 6 =$ _____ •

• $6 \times 10 =$ _____

$42 \div 6 =$ _____ •

• $6 \times 5 =$ _____

$18 \div 6 =$ _____ •

• $6 \times 1 =$ _____

$48 \div 6 =$ _____ •

• $12 \times 6 =$ _____

$60 \div 6 =$ _____ •

• $9 \times 6 =$ _____

$72 \div 6 =$ _____ •

• $6 \times 2 =$ _____

$66 \div 6 =$ _____ •

• $8 \times 6 =$ _____

$24 \div 6 =$ _____ •

• $6 \times 11 =$ _____

$54 \div 6 =$ _____ •

• $4 \times 6 =$ _____

Nom _____

Activité 2 - L'anniversaire de Jenny

Il y a 6 personnes à l'anniversaire de Jenny.

Utilisez des dessins et des divisions pour résoudre les problèmes suivants.

1. La maman de Jenny a fait 12 hot-dogs pour le repas.

   Combien de hot-dogs est-ce que chaque personne mange?

   _____ ÷ _____ = _____

   ----

2. La maman de Jenny a fait 18 petits gâteaux.

   Combien de petits gâteaux est-ce que chaque personne mange?

   _____ ÷ _____ = _____

   ----

3. Jenny a acheté 66 bonbons pour donner à ses amis.

   Combien de bonbons est-ce que chaque personne reçoit?

   _____ ÷ _____ = _____

   ----

4. Cela a coûté 72$ pour organiser la fête.

   Quel est le coût par personne?

   _____ ÷ _____ = _____

Activité 3 - Trouver les divisions

Encerclez toutes les divisions que vous pouvez trouver.

(30 ÷ 5 = 6)	17	4	84	12
32	7	3	36	16	7	2
25	4	42	6	7	56	6
48	24	4	6	15	18	25
8	9	64	9	33	6	49
6	6	1	72	8	3	66
72	60	10	6	54	9	6

Combien de divisions avez-vous trouvé? _____

CHAPITRE 6

Nom _____

Activité 4 - Quelle est la longueur de chaque côté?

Répondez aux questions suivantes et montrez votre travail.

1. L'hexagone et le pentagone ont chacun un périmètre de 60 cm.
   Quelle est la longueur de chaque côté?

 _____ ÷ _____ = _____   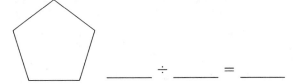 _____ ÷ _____ = _____

   Quelle est la différence de longueur entre un côté du pentagone et un côté de l'hexagone?

   _____ − _____ = _____

2. Le triangle et le décagone ont chacun un périmètre de 30 cm.
   Quelle est la longueur de chaque côté?

 _____ ÷ _____ = _____   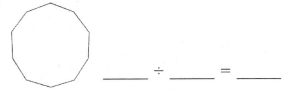 _____ ÷ _____ = _____

   Quelle est la différence de longueur entre un côté du triangle et un côté du décagone?

   _____ − _____ = _____

3. Le carré, l'exagone et l'octogone ont chacun un périmètre de 48 cm.
   Quelle est la longueur de chaque côté?

_____ ÷ _____ = _____   _____ ÷ _____ = _____   _____ ÷ _____ = _____

Divisions de tous les jours
Distribution des journaux

Chanson
Divisions par 7

Activités reproductibles
1. Le ballon et les divisions
2. Trouver les dividendes
3. Combien y a-t-il de semaines?
4. L'arc-en-ciel

Divisions de tous les jours - Distribution des journaux

Georges a décidé de distribuer des journaux pendant l'été. On le paie pour chaque semaine de travail.

1. S'il travaille 21 jours combien de semaines sera-t-il payé?

   _____ ÷ _____ = _____

   ----

2. S'il travaille 35 jours combien de semaines sera-t-il payé?

   _____ ÷ _____ = _____

   ----

3. S'il travaille 63 jours combien de semaines sera-t-il payé?

   _____ ÷ _____ = _____

4. S'il travaille 77 jours combien de semaines sera-t-il payé?

   _____ ÷ _____ = _____

Divisions par 7

refrain 2x : 🎵

7, 14, 21,
28, 35, 42,
49, 56, 63,
70, 77, 84.

$7 \div 7$	$7 \div 7 = 1$
$7 \div 7$	$7 \div 7 = 1$
$14 \div 7$	$14 \div 7 = 2$
$14 \div 7$	$14 \div 7 = 2$
$21 \div 7$	$21 \div 7 = 3$
$21 \div 7$	$21 \div 7 = 3$
$28 \div 7$	$28 \div 7 = 4$
$28 \div 7$	$28 \div 7 = 4$

refrain : 🎵

$35 \div 7$	$35 \div 7 = 5$
$35 \div 7$	$35 \div 7 = 5$
$42 \div 7$	$42 \div 7 = 6$
$42 \div 7$	$42 \div 7 = 6$
$49 \div 7$	$49 \div 7 = 7$
$49 \div 7$	$49 \div 7 = 7$
$56 \div 7$	$56 \div 7 = 8$
$56 \div 7$	$56 \div 7 = 8$

refrain : 🎵

$63 \div 7$	$63 \div 7 = 9$
$63 \div 7$	$63 \div 7 = 9$
$70 \div 7$	$70 \div 7 = 10$
$70 \div 7$	$70 \div 7 = 10$
$77 \div 7$	$77 \div 7 = 11$
$77 \div 7$	$77 \div 7 = 11$
$84 \div 7$	$84 \div 7 = 12$
$84 \div 7$	$84 \div 7 = 12$

refrain : 🎵

Activité 1 - Le ballon et les divisions

Encerclez les divisions qui correspondent aux quotients écrits sur les ballons.

1. $14 \div 2$ $35 \div 5$ $49 \div 7$ $48 \div 6$

2. $18 \div 3$ $40 \div 8$ $20 \div 4$ $35 \div 7$

3. $18 \div 6$ $32 \div 8$ $27 \div 9$ $12 \div 4$

4. $36 \div 6$ $30 \div 5$ $63 \div 7$ $48 \div 8$

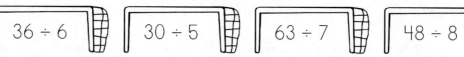

5. $24 \div 6$ $28 \div 7$ $8 \div 2$ $45 \div 5$

6. $12 \div 3$ $18 \div 9$ $14 \div 7$ $10 \div 5$

Nom _____

Activité 2 - Trouver les dividendes

Trouver les dividendes qui manquent. Montrez comment les multiplications vous aident à trouver les réponses.

$\Box \div 7 = 3$

____ x ____ = ____

$\Box \div 7 = 5$

____ x ____ = ____

$\Box \div 7 = 8$

____ x ____ = ____

$\Box \div 7 = 12$

____ x ____ = ____

$\Box \div 7 = 7$

____ x ____ = ____

$\Box \div 7 = 6$

____ x ____ = ____

$\Box \div 7 = 10$

____ x ____ = ____

$\Box \div 7 = 9$

____ x ____ = ____

Nom _____

Activité 3 - Combien y a-t-il de semaines?

Répondez aux questions suivantes. Il y a 7 jours dans une semaine, chaque réponse représente un nombre de semaines et les restes représenteront les jours supplémentaires.

1. David est en vacances. Il est parti pour 15 jours.
   Combien de temps est-il parti?
   Semaines _____   Jours _____

   $$7 \overline{)15}$$

2. Monica va courir un marathon dans 52 jours.
   Combien de temps dure le mois de juin?
   Semaines _____   Jours _____

3. Il y a 30 jours dans le mois de juin.
   Combien de temps dure le mois de juin?
   Semaines _____   Jours _____

4. Sandra joue dans une comédie musicale.
   Elle va jouer tous les soirs pendant 27 jours.
   Semaines _____   Jours _____

5. Greg joue au baseball. Le dernier match est 84 jours
   après le premier match. Combien de temps dure la saison?
   Semaines _____   Jours _____

Nom _____

Activité 4 - L'arc-en-ciel

Il y a 7 couleurs dans un arc-en-ciel. Trouvez le quotient pour chaque division. Coloriez les bandes de l'arc-en-ciel. Chaque quotient correspond à une couleur.

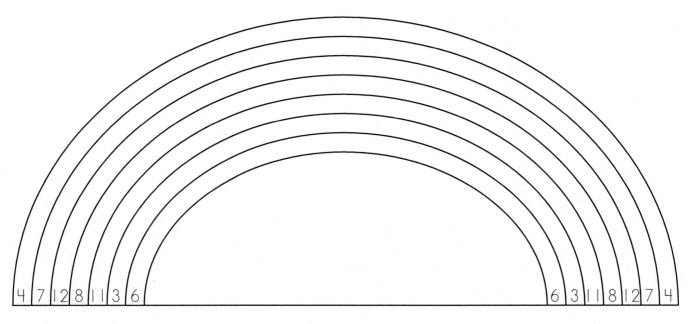

4 7 12 8 11 3 6   6 3 11 8 12 7 4

orange	bleu	rouge
7) 49	7) 77	7) 28

jaune	violet	vert
7) 84	7) 42	7) 56

indigo	**Saviez-vous?**
7) 21	Indigo est un bleu foncé et violet est un autre mot pour pourpre.

Divisions de tous les jours

Les pintes dans un gallon

Chanson

Divisions par 8

Activités reproductibles

1. Divisions en fractions
2. Devinette
3. Trouver les surfaces
4. Mots croisés en divisions

Divisions de tous les jours - Les pintes dans un gallon

Le père de Jimmy fait de la crème glacée. Il vend la crème glacée qu'il a fait en pintes. Il y a 8 pintes dans un gallon.

1. Quel est le nombre de gallons dans 16 pintes?

   _____ ÷ _____ = _____

   ----

2. Quel est le nombre de gallons dans 48 pintes?

   _____ ÷ _____ = _____

   ----

3. Quel est le nombre de gallons dans 64 pintes?

   _____ ÷ _____ = _____

   ----

4. Quel est le nombre de gallons dans 96 pintes?

   _____ ÷ _____ = _____

CHAPITRE 8

Divisions par 8

refrain 2x :

8, 16, 24, 32,
40, 48, 56, 64,
72, 80, 88, et 96.

$8 \div 8$	$8 \div 8 = 1$
$16 \div 8$	$16 \div 8 = 2$
$24 \div 8$	$24 \div 8 = 3$
$32 \div 8$	$32 \div 8 = 4$

refrain :

$40 \div 8$	$40 \div 8 = 5$
$48 \div 8$	$48 \div 8 = 6$
$56 \div 8$	$56 \div 8 = 7$
$64 \div 8$	$64 \div 8 = 8$

refrain :

$72 \div 8$	$72 \div 8 = 9$
$80 \div 8$	$80 \div 8 = 10$
$88 \div 8$	$88 \div 8 = 11$
$96 \div 8$	$96 \div 8 = 12$

refrain :

Divisions chansons et activités

Nom _____

CHAPITRE 8

Activité 1 - Divisions et fractions

Il y a 9 cornets dans chacun des 3 groupes.

Combien de cornets y a-t-il dans chaque groupe?

1 des groupes ou $\frac{1}{3}$ est au chocolat (9 ÷ 3 = 3)

☐/☐ des groupes est à la vanille.

☐/☐ des groupes a trois boules de crème glacée.

Il y a _____ sortes de fruits dans _____ groupes.

Combien de fruits y a-t-il dans chaque groupe?

 de bananes   ☐/☐ de pommes   ☐/☐ de poires

Nom _____

Activité 2 - Devinette

Faites les divisions. Écrivez les lettres correspondantes au-dessous pour trouver la devinette.

8) 16   U

8) 40   X

8) 24   R

8) 88   S

8) 72   M

8) 56   É

8) 64   C

8) 8   A

8) 32   P

8) 80   H

8) 96   E

Un chien ne fait pas ses courses :

___ ___   ___ ___ ___ ___ ___ ___   ___ ___ ___
1   2   9   1   3   8   10 7   1   2   5

___ ___ ___ ___ ___
4   2   8   12 11

Activité 3 - Trouver les surfaces

Répondez aux questions suivantes. La surface est l'espace qui couvre une forme.
On calcule la surface (pieds carrés ou m²) en multipliant la longueur par la largeur
(pieds ou m)

1. L'enseigne sur le restaurant de Joe mesure 6 pieds par 4 pieds.

   Quelle est la surface de l'enseigne? _____ ÷ _____ = _____ sq. ft

   Quelle est la surface d'une enseigne qui est $^1/_8$ de

   l'enseigne du restaurant? _____ ÷ _____ = _____ sq. ft

2. La classe a fait une peinture murale de 4m sur 4m.

   Quelle est la surface de la peinture murale? _____ ÷ _____ = _____ m²

   Quelle est la surface d'une peinture murale qui est $^1/_8$? _____ ÷ _____ = _____ m²

3. La piscine communautaire mesure 12m par 6m.

   Quelle est la surface de la piscine? _____ x _____ = _____ m²

   Quelle est la surface d'une piscine qu est $^1/_8$? _____ ÷ _____ = _____ m²

4. Le ponton au chalet de Lise mesure 5 pieds par 16 pieds.

   Quelle est la surface du ponton? _____ x _____ = _____ sq. ft.

   Quelle est la surface d'un ponton de $^1/_8$? _____ ÷ _____ = _____ sq. ft.

Nom _____

Activité 4 - Mots croisés en divisions.

Complétez les divisions.

$$27 \div \square = 9$$

$$\square \div 9 = 8$$

$$30 \div \square = 10$$

$$54 \div \square = 9 \qquad \square \div 5 = 1$$

$$40 \div 5 = \square$$

$$8 \div 4 = \square$$

$$\square \div \square = 5$$

(Grille de mots croisés avec les chiffres : 27, 9, 8, 30, 10, 3, 54, 9, 5, 1, 8, 40, 5, 2, 8, 4, 5 et les symboles ÷ et =)

Divisions de tous les jours
Les piles de 9 volts

Chanson
Divisions par 9

Activités reproductibles
1. Problèmes des mots
2. Divisions avec un reste
3. Dividendes et quotients
4. Trouver le nombre qui manque

Divisions de tous les jours - Les piles de 9 volts

Dans la classe de science, on utilise des piles de 9 volts pour faire fonctionner des moteurs électriques. Une pile de 9 volts peut faire marcher un moteur de 9 volts. On peut relier les piles pour les plus gros moteurs.

1. Combien de piles faut-il pour faire marcher un moteur de 18 volts?

2. Combien de piles faut-il pour faire marcher un moteur de 36 volts?

3. Combien de piles faut-il pour faire marcher un moteur de 45 volts?

4. Combien de piles faut-il pour faire marcher les 3 moteurs en même temps?

9 CHAPITRE 9

Divisions par 9

refrain 2x :

9, 18, 27, 36, 45,
54, 63, 72, 81,
90, 99, et 108.
Si vous pratiquez,
un expert, vous deviendrez!

$9 \div 9$ $9 \div 9 = 1$
$18 \div 9$ $18 \div 9 = 2$
$27 \div 9$ $27 \div 9 = 3$
$36 \div 9$ $36 \div 9 = 4$

refrain :

$45 \div 9$ $45 \div 9 = 5$
$54 \div 9$ $54 \div 9 = 6$
$63 \div 9$ $63 \div 9 = 7$
$72 \div 9$ $72 \div 9 = 8$

refrain :

$81 \div 9$ $81 \div 9 = 9$
$90 \div 9$ $90 \div 9 = 10$
$99 \div 9$ $99 \div 9 = 11$
$108 \div 9$ $108 \div 9 = 12$

refrain :

Activité 1 - Problèmes des mots

Répondez aux problèmes suivants à l'aide de divisions.

1. Christine a 45$ pour acheter des livres.
   Si chaque livre coûte 9$, combien de livres
   peut-elle acheter?

   _____ ÷ _____ = _____

2. Jeff a 72 petits bonbons qu'il veut partager entre
   lui et 8 amis, combien de bonbons est-ce que chaque
   personne reçoit?

   _____ ÷ _____ = _____

3. André organise les équipes pour le tournoi de baseball.
   Il y a 99 joueurs et chaque équipe a 9 joueurs.
   Combien d'équipes est-ce qu'il y a?

   _____ ÷ _____ = _____

4. Stéphanie est dans l'orchestre de l'école avec 35
   autres élèves. Les élèves sont placés en rangée de 9.
   Combien y a-t-il de rangées?

   _____ ÷ _____ = _____

5. Holly peut jouer pendant une heure et demie à des
   jeux vidéo. Si elle a 9 jeux à jouer, combien de minutes
   peut-elle passer sur chaque jeu?

   _____ ÷ _____ = _____

6. Roger fait des biscuits. Il a 81 morceaux de chocolats
   et il fait 9 biscuits. Combien de morceaux de chocolat
   y a-t-il dans chaque biscuit?

   _____ ÷ _____ = _____

Nom _____

Activité 2 - Divisions avec un reste

Faites les divisions suivantes et indiquez s'il y a un reste.

$$9 \overline{)20} \quad \begin{array}{c} 2\ R2 \end{array}$$
18
....
2

$$9 \overline{)58}$$

$$9 \overline{)37}$$

$$9 \overline{)63}$$

$$9 \overline{)97}$$

$$9 \overline{)32}$$

$$9 \overline{)84}$$

$$9 \overline{)78}$$

$$9 \overline{)108}$$

$$9 \overline{)24}$$

$$9 \overline{)56}$$

$$9 \overline{)103}$$

Nom _____

Activité 3 - Dividendes et quotients

Divisez le dividende au milieu par chacun des diviseurs et écrivez le quotient.

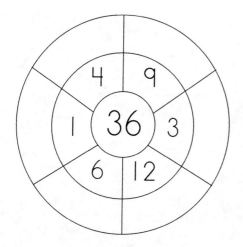

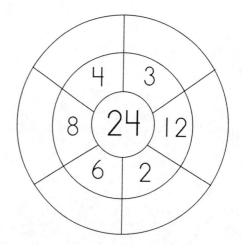

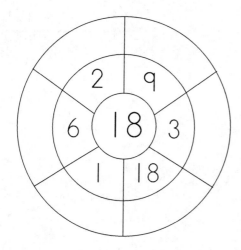

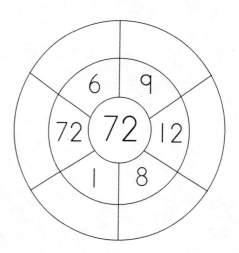

Nom _____

Activité 4 - Trouver le nombre qui manque

Trouvez le nombre qui manque et écrivez la division sous chaque triangle.

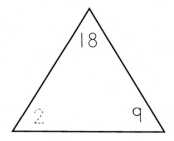

$18 \div 9 = 2$

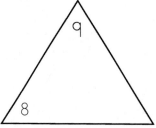

_____

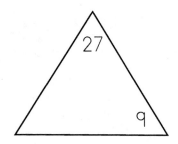

_____

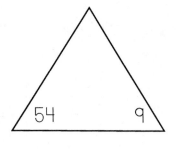

_____

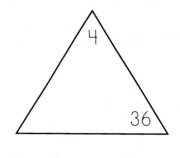

_____

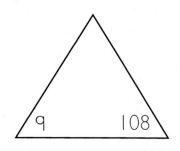

_____

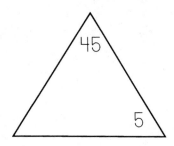

_____

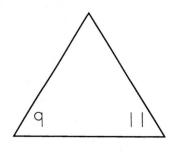

_____

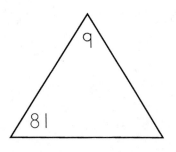

_____

Nom _____

Activité 1 - Révision des divisions

Faites les divisions suivantes.

$36 \div 9 = $ ___	$63 \div 9 = $ ___	$48 \div 6 = $ ___	$24 \div 3 = $ ___
$21 \div 3 = $ ___	$77 \div 7 = $ ___	$48 \div 4 = $ ___	$96 \div 8 = $ ___
$36 \div 3 = $ ___	$8 \div 4 = $ ___	$22 \div 2 = $ ___	$12 \div 4 = $ ___
$6 \div 6 = $ ___	$18 \div 9 = $ ___	$32 \div 8 = $ ___	$48 \div 4 = $ ___

$6 \overline{)42}$ $9 \overline{)27}$ $3 \overline{)24}$

$7 \overline{)56}$ $8 \overline{)32}$ $5 \overline{)15}$

$9 \overline{)99}$ $8 \overline{)96}$ $8 \overline{)40}$

$56 \div 8 = $ ___	$24 \div 8 = $ ___	$30 \div 5 = $ ___	$6 \div 2 = $ ___
$48 \div 6 = $ ___	$54 \div 6 = $ ___	$45 \div 5 = $ ___	$14 \div 7 = $ ___
$20 \div 5 = $ ___	$72 \div 9 = $ ___	$64 \div 8 = $ ___	$108 \div 9 = $ ___

Nom _____

Activité 2 - Problèmes des mots

Faites les problèmes suivants et écrivez une division pour chacun.

1. Jenny écrit une histoire pour l'école. L'histoire doit avoir 28 pages. Si elle a 4 jours pour l'écrire, combien de pages doit-elle écrire par jour?

_____

2. Brad apprend à skier. Il lui faut 3 minutes pour monter la colline et 3 minutes pour la descendre. Combien de fois peut-il monter et descendre en 1 heure?

_____

3. Catherine est professeure de danse. Elle a 108 élèves et elle peut mettre 12 élèves à la fois dans son studio. Combien de classes peut-elle enseigner?

_____

4. Michel veut acheter des bananes. Il a 1,20$ et chaque banane coûte 10¢. Combien de bananes peut-il acheter?

_____

5. Linda fait un voyage à bicyclette. Elle veut faire 132 km. Si elle appelle la maison tous les 12 km, combien de fois va-t-elle appeler?

_____

6. Christophe veut faire des muffins pour ses amis. Il a besoin de 3 tasses de farine pour chaque fournée. S'il a 27 tasses de farine, combien de fournées peut-il faire?

_____

RÉPONSES

Page 9

6÷1=6   8÷1=8   5÷1=5
10÷1=10   9÷1=9   7÷1=7

0÷4=0   0÷7=0   0÷9=0
0÷10=0   0÷5=0   0÷2=0

Page 10

4÷1=4
6÷1=6
5÷1=5
2÷1=2
8÷1=8

Page 11

1. 6÷2=3
2. 16÷2=8
3. 20÷2=10
4. 24÷2=12

Page 13

12÷2-6 ——— 2 x 5 - 10
18÷2-9 ——— 2 x 8 - 16
20÷2=10 ——— 2 x 3 - 6
8÷2=4 ——— 2 x 6 - 12
10÷2=5 ——— 2 x 9 = 18
16÷2-8 ——— 2 x 10=20
6÷2-3 ——— 2 x 4 - 8

Page 14

8	6
2	2
8÷2=4	6÷2=3

10	24
2	2
10÷2=5	24÷2=12

12	16
2	2
12÷2=6	16÷2=8

Page 15

1. 6÷2=3
2. 18÷2=9
3. 6/12 or 1/2
4. 12÷2=6

Page 16

3	7	4
11	5	1
10	9	12

16÷2=8

Page 17

1. 6÷3=2
2. 15÷3=5
3. 21÷3=7
4. 36÷3=12

Page 19

6	9	2
4	7	5
3	8	12

Page 20

12÷3=4	18÷3=6
27÷3=9	9÷3=3
18÷3=6	30÷3=10
3÷3=1	6÷3=2

Page 21

1.
```
    8 R2
3 ) 26
    24
    ‾‾
     2
```

2.
```
    3 R5
8 ) 29
    24
    ‾‾
     5
```

3.
```
    3 R3
7 ) 24
    21
    ‾‾
     3
```

Page 22

1. 9+3+9+3=24
   24÷2=12
2. 25+18+15+12+7+3=80
   80÷3=26 2/3

Page 23

1. 12÷4=3
2. 16÷4=4
3. 32÷4=8
4. 40÷4=10

Page 25

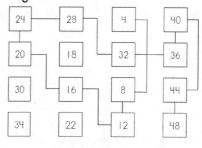

| 9 | 7 | 8 |
| 4 | 2 | 11 |

Page 26

1. 20÷4=5
2. 16÷4=4
3. 24÷4=6
4. 32÷4=8
5. 36÷4=9

✓ RÉPONSES

Page 27
1. 20÷4=5
2. 60÷4=15
3. 24÷7=4
4. 48÷4=12

Page 28
1. 12÷4=3   2. 16÷4=4
3. 8÷4=2   4. 16÷4=4.
   2x2=4   4x3=12
5. 8÷4=2   6. 12÷4=3
   2x3=6   3x3=9

Page 29
1. 15÷5=3
2. 35÷5=7
3. 40÷5=8
4. 55÷5=11

Page 31
60, 55, 50, 45, 40, 35, 30, 25, 20,
15, 10, 5, 0

4   3
5   8   10
12   2   6
1   7   9

Page 32
1. 15÷3=5   2. 45÷5=9
   15÷5=3   45÷9=5
3. 30÷5=6   4. 40÷5=8
   30÷6=5   40÷8=5
5. 35÷5=7   6. 10÷2=5
   35÷7=5   10÷5=2
7. 20÷4=5
   20÷5=4

Page 33
1. 45÷5=9
2. 60÷5=12
3. 30÷5=6
4. 15÷5=3

Page 34
2   7   4   8
6   9   3   10
5   11   1

Page 35
1. 12÷6=2
2. 24÷6=4
3. 42÷6=7
4. 66÷6=11

Page 37
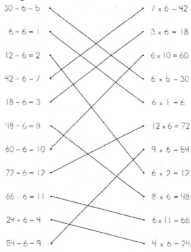

Page 38
1. 12÷6=2
2. 18÷6=3
3. 66÷6=11
4. 72÷6=12

Page 39
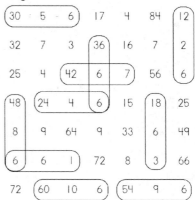

Page 40
1. 60÷6=5   60÷5=6
   6-5=1
2. 30÷3=10   30÷10=3
   10-3=7
3. 48÷4=12   48÷6=8
   48÷8=6

Page 41
1. 21÷7=3
2. 35÷7=5
3. 63÷7=9
4. 77÷7=11

Page 43
1. 14÷2   35÷5   49÷7
2. 40÷8   20÷4   35÷7
3. 18÷6   27÷9   35÷7
4. 36÷6   30÷5   48÷8
5. 24÷6   28÷7   8÷2
6. 18÷9   14÷7   10÷5

Page 44
21÷7=3   35÷7=5
3 x 7=21   5 x 7=35

54÷7=8   84÷7=12
8 x 7=54   12 x 7=84

Page 44 (suite)

$49 \div 7 = 7$ $\qquad$ $42 \div 7 = 6$

$7 \times 7 = 49$ $\qquad$ $6 \times 7 = 42$

$70 \div 7 = 10$ $\qquad$ $63 \div 7 = 9$

$7 \times 10 = 70$ $\qquad$ $9 \times 7 = 63$

Page 45

1. 2 semaines, 1 jour
2. 7 semaines, 3 jours
3. 4 semaines, 2 jours
4. 3 semaines, 6 jours
5. 12 semaines, 0 jours

Page 46

7 $\qquad$ 11 $\qquad$ 4

12 $\qquad$ 6 $\qquad$ 8

3

Page 47

1. $16 \div 8 = 2$
2. $48 \div 8 = 6$
3. $64 \div 8 = 8$
4. $96 \div 8 = 12$

Page 49

$9 \div 3 = 3$

$2/3$

$1/3$

Il y a 3 sortes de fruits dans 3 groupes.

$6/16$ $\qquad$ $4/16$ $\qquad$ $6/16$

Page 50

2 $\qquad$ 5 $\qquad$ 3

11 $\qquad$ 9 $\qquad$ 7

8 $\qquad$ 1 $\qquad$ 4

10 $\qquad$ 12

UN MARCHÉ AUX PUCES

Page 51

1. $6 \times 4 = 24$ sq. ft.

$24 \div 8 = 3$ sq. ft.

2. $4 \times 4 = 16$ m²

$16 \div 8 = 2$ m²

3. $6 \times 12 = 72$ m²

$72 \div 8 = 9$ m²

4. $5 \times 16 = 80$ sq. ft.

$80 \div 8 = 10$ sq. ft.

Page 52

Page 53

1. $18 \div 9 = 2$
2. $36 \div 9 = 4$
3. $45 \div 9 = 5$
4. $2 + 4 + 5 = 11$

Page 55

1. $45 \div 9 = 5$
2. $72 \div 9 = 8$
3. $99 \div 9 = 11$
4. $36 \div 9 = 4$
5. $90 \div 9 = 10$
6. $81 \div 9 = 9$

Page 56

2 R2 $\quad$ 6 R4 $\quad$ 4 R1 $\quad$ 7

10 R7 $\quad$ 3 R5 $\quad$ 9 R3 $\quad$ 8 R6

12 $\quad$ 2 R6 $\quad$ 6 R2 $\quad$ 11 R4

Page 57

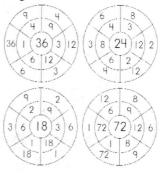

Page 58

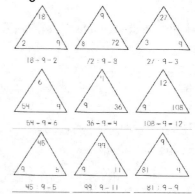

Page 59

4 $\qquad$ 7 $\qquad$ 8 $\qquad$ 8

7 $\qquad$ 11 $\qquad$ 12 $\qquad$ 12

12 $\qquad$ 2 $\qquad$ 11 $\qquad$ 3

1 $\qquad$ 2 $\qquad$ 4 $\qquad$ 12

7 $\qquad$ 3 $\qquad$ 8

8 $\qquad$ 4 $\qquad$ 3

11 $\qquad$ 12 $\qquad$ 5

7 $\qquad$ 3 $\qquad$ 6 $\qquad$ 3

8 $\qquad$ 9 $\qquad$ 9 $\qquad$ 2

4 $\qquad$ 8 $\qquad$ 8 $\qquad$ 12

Page 60

1. $28 \div 4 = 7$
2. $60 \div 6 = 10$
3. $108 \div 12 = 9$
4. $120 \div 10 = 12$
5. $132 \div 12 = 11$
6. $27 \div 3 = 9$

Demandez à votre détaillant local les autres excellents titres de Sara Jordan!

The Unplugged Math Series - Nouvelle édition (quatre volumes, Ire – 4e année)

Chansons rythmées, activités et exercices reproductibles enseignent additions, soustractions, multiplications et divisions tout en respectant le programme de mathématiques.

Les mathématiques en français (quatre volumes, Ire – 4e année)

Chansons, activités et exercices reproductibles en français enseignent additions, soustractions, multiplications et divisions. Les chansons rythmées rendent l'apprentissage mémorable alors que les exercices reproductibles renforcent le contenu des chansons tout en incluant les éléments du programme de mathématiques.

Singing Sight Words (quatre volumes, jardin – 2e année)

Cette série apprend aux élèves plus de 300 mots courants. Les mots paraissent par ordre de fréquence en anglais. La série est basée sur la liste des 220 mots les plus utilisés compilés par Edward William Dolch, Ph. D et sur la liste de 95 noms parmi les plus courants.

Funky Phonics: Learn to Read (quatre volumes, jardin – 2e année)

Chansons mémorables qui mêlent ce qu'il y a de mieux dans la recherche en éducation et la pratique, ce qui donne aux lecteurs débutants les stratégies nécessaires pour décoder les mots grâce aux rimes, aux mélanges et à la segmentation. Les enseignants et les parents aiment les leçons et les activités reproductibles alors que les élèves trouvent les chansons amusantes.

Chansons bilingues

Allez en ligne pour voir et écouter notre série de chansons bilingues en anglais et espagnol, en anglais et français, en anglais et mandarin.

Rendez-nous visite en ligne pour acheter, écouter et apprendre

Notre site web, www.SongsThatTeach.com offre :

- la chance d'acheter nos ressources en ligne
- un bulletin publié toutes les deux semaines avec des chansons et activités à télécharger gratuitement
- des leçons de dessin, des échanges de correspondants et des concours
- de l'information au sujet des normes en éducation
- des liens pour d'autres sites web importants

Pour vous aider à trouver un détaillant près de chez vous, addressez-vous à Sara Jordan Publishing :

M.P.O. Box 490
Niagara Falls, NY
U.S.A. 14302-0490

R.P.O. Lakeport, Box 28105
St. Catharines, Ontario
Canada, L2N 7P8

Téléphone : 1-800-567-7733
Courriel : sjordan@sara-jordan.com